SCPI

Enquête sur ces placements opaques

Benjamin Charles

ISBN : 978-2-492834-04-2

SCPI : la bonne planque des conseils de surveillance ?

Introduction

Un conseil de surveillance est un comité non exécutif (il n'a pas de fonction dans la SCPI) dont la mission est de vérifier le bon fonctionnement d'une entreprise, afin d'en rendre compte aux actionnaires. Il est différent du conseil d'administration qui joue un rôle dans la stratégie ou l'orientation de l'entreprise. Le CS, lui, veille a posteriori, aux intérêts des épargnants, qui sont associés.

« D'abord il faut réunir le capital pour monter cette SCPI. Le plus souvent les premiers membres du conseil de surveillence font des associés fondateurs » m'explique un patron de société de gestion.

Quand La Française lance LF Avenir Santé le conseil de surveillance est constitué de La Française, d'une SCPI du groupe, et 5 salariés. Ils démissionneront ensuite pour laisser la place à 9 personnes détenant entre 2 et 160 parts, qui se sont présentés. Cette méthode, déjà utilisée pour au lancement de LF Les Grand Palais en 2020 permet d'aller vite.

Idem chez Log In de Theoreim, petite SCPI à 80M€ de capitalisation. Au CA de la SCPI lancée en octobre on retrouve :

- Pythagore : SCI de Theoreim, représentée par Matthieu Urruty, lui-même DG de Theoreim et actionnaire de l'entreprise

- Edouard Michot : représentant MCO Participations, sa holding, avec laquelle il a pris plus de 50% des parts (4016/8016) dans la société. Patron d'AssuranceVie.com.

Gaëlla Hellegouarch, directrice générale-associée le justifie :

« On a pris nos premiers investisseurs. En cas de conflit d'intérêt, les personnes concernées s'abstiennent ».

Elle avance également la charge de travail que cela représente qui découragent beaucoup. "C'est un travail long et difficile dès lors qu'on est consciencieux" m'explique un ancien président. "On n'est pas des béni-oui-oui" renchérit Patrick Kontz, habitué des conseils de surveillance. Hélène Karsenty, qui a présidé plusieurs conseils de surveillance pendant 40 ans, abonde dans ce sens :

« Il faut être ferme. Je ne suis pas gérante, mais je jette toujours un œil. Les associés savent qu'ils peuvent m'écrire à tout moment : ils ont confiance »
Un poids, une mesure
Les gérants de SCPI expliquent souvent que leurs intérêts sont alignés avec les épargnants : s'ils gagnent, tout le monde gagne. Mais c'est plutôt faux.

Les sociétés de gestion sont nommées dans les statuts de la SCPI. Pour en changer : il faut changer les statuts. Leur mandat n'est pas renouvelé, à l'inverse du CS ou d'un syndic' de copropriété, par exemple.

"Pourtant c'est pareil : leur métier c'est de gérer des biens qui ne leur appartiennent pas, pour les comptes de gens qui se sont mis ensemble pour les acheter", analyse Mme. Karsenty

De manière générale, les épargnants gagnent de l'argent de 2 manières :

Les rendements, issus des loyers, parfois des ventes

Les plus-values, lorsque le prix de part augmente

Les sociétés de gestion, elles, accumulent les frais. Exemple chez Épargne foncière (La Française), la plus grosse du marché :

- Commission de souscription : 9% TTC sur les parts
- Commission de gestion : 12% TTC sur les loyers
- Commission d'acquisition-cession : 1,25% HT
- Commission de travaux : 3% HT
- Cession de part : 150€ HT / vente

Ces dernières années, les SCPI ont eu des collectes record. Même 2023, pourtant pourrie, sera dans le top 10 ever des collectes. Cet argent (10mds€ en 2022) il faut le dépenser ! Parce que cette collecte, c'est le plus souvent des nouvelles parts, donc des rendements supplémentaires à distribuer.

C'est tout le problème des dernières années.

Un ancien de BNP Real Estate m'a raconté comment une jeune SCPI créée il y a 4 ans a dépensé des centaines de millions, en étant promenée par le promoteur qui refourguait ce que personne d'autre ne voulait. À l'intérieur même de la société de gestion, on avoue, en off et à demi-mot, que le patrimoine est mauvais.

Non seulement les intérêts des gérants ne sont pas alignés avec les associés, mais surtout, le conseil de surveillance n'est que consultatif.

« On peut regretter que le conseil de surveillance n'ait pas plus de pouvoir sur la gestion, puisque les biens appartiennent aux associés » confie M. Kontz, avant de déplorer que « les associés donnent pouvoir à la société de gestion plutôt qu'au président du conseil de surveillance « .

Un avis partagé par tous les membres de conseil de surveillance interrogés.

Un casting difficile

Si ce sont les actionnaires qui votent pour le CS, plusieurs connaisseurs m'ont confirmé que les gérants pouvaient pousser "leurs poulains". Les raisons sont multiples :

- Beaucoup de SCPI ont de gros porteurs qui sont directement liés à la société de gestion (SCI, SCPI, OCPI, holding etc.)
- Certains ont également des actionnaires de sociétés sœurs (un assureur du même groupe)
- Les plus gros porteurs connaissent souvent la société de gestion et/ou le gérant, qui peut faire passer quelques consignes

« C'est vraiment un casting difficile », me confie un gérant d'une grande maison, propos confirmés par un cofondateur de société de gestion :

« Il faut trouver des gens qui ont une expérience des conseils de surveillance, pour éviter de perdre du temps, qui soient conciliants pour éviter de bloquer toute la SCPI, mais quand même challengeant pour qu'ils te préparent bien à ton assemblée générale »

Parce qu'un des rôles du conseil de surveillance, c'est d'écrire un rapport présenté en assemblée générale. Ça nécessite donc d'avoir quelques connaissances, mais d'anticiper d'éventuelles questions ou attaques.

« Pas besoin d'être un connaisseur de l'immobilier pour être un bon membre de CS. Mais je regrette que certains ne sachent pas lire un compte de résultat », explique un président de conseil de surveillance aux multiples mandats.

Le conseil de surveillance permet aussi de récompenser ou d'amadouer. Mais également de sanctionner.

Le précédent Cifocoma

En 2013, après un long conflit entre les conseils de surveillance de Cifocoma 1 et 2, et Uffi Ream (longtemps dirigé par Frédéric Puzin avant qu'il ne crée Corum), la SCPI rejoint Sofidy.

Entre 2011 et 2012, Uffi cherchait à se faire racheter. Les caisses des SCPI sont pleines, selon un membre du CS d'alors. Les gérants vont donc acheter "des merdes afin de présenter une belle gestion". Uffi sera rachetée par Fiducial en juillet 2012.

Chez Sofidy, la situation ne s'améliore pas. Plusieurs actionnaires expliquent que le gérant a du mal à arbitrer sans perte, et continuer à acheter des biens peu performants. La secrétaire de l'ASPPSCPI, association représentant les épargnants, appelle Mme. Karsenty, forte tête qui a déjà sorti une SCPI de chez BNP. Elle prend la présidence de Cifocoma 2, et Charles Coulon celle de Cifocoma 1.

« À l'époque ils étaient partis avec les menaces de procès d'Uffi », explique Mme. Karsenty

Fin 2016 Sofidy demande à ce que les statuts de la SCPI soit changés, parce que le gérant devant demander « son accord » au conseil de surveillance surtout des décisions, notamment d'achat-vente d'actifs. Les associés votent contre le 6 décembre. Deux semaines plus tard, Sofidy démissionne de son mandat de gestion.

En mars 2017, Xavier Parrain, alors secrétaire général de l'AMF, reçoit les 2 présidents. L'AMF rétorque qu'une vente d'actifs est un acte de gestion. Donc en dehors du rôle du conseil de surveillance.

« L'AMF n'a pas accepté nos statuts, très protecteurs pour les associés » déplore Mme. Karsenty

Le 1er juin Paref est désignée comme successeur dans une intense confusion : plusieurs membres du CS adressent des pétitions pour dissoudre le véhicule.

Ce qui finira par arriver en 2020. Dans un dernier courrier, le conseil de surveillance conclut :

« Depuis notre arrivée en octobre 2017, la fusion était à l'ordre du jour. Après étude, il s'est avéré que ce chemin judicieux était trop coûteux compte tenu de l'état actuel de votre SCPI. »

Ces conseils de surveillance s très présents, c'est ce qui bloque Novapierre Allemagne depuis des années. Si La Centrale des SCPI écrit que le produit "a été victime de son succès", il a surtout été victime de son CS. Pendant des mois, les membres du CS se sont battus contre une augmentation de capital, de peur d'éroder légèrement la performance. Les gros porteurs se font entendre. Le gérant abdique, ferme la collecte et ouvre Novapierre Allemagne 2.

Un proche du dossier lâche, amer :

« Les membres du conseil de surveillance ont bloqué le véhicule, pour leurs intérêts personnels. »

💰 Un pognon de dingue

Les membres du CS peuvent être rémunérés pour leur travail (les jetons de présence) et leurs frais.

En 2022, 71 SCPI communiquaient sur la présence ou l'absence de jetons pour un total 1'152'339€ : 16'230€ en moyenne, soit 1'688€ par membre. Seules 7 SCPI expliquent ne pas en attribuer, dont Log In.

« On ne prend pas les gens qui ont trop de mandats, on a mis une limite d'âge et on a fait le choix de ne pas distribuer de jeton. » explique Mme. Hellegouarch de Theoreim.

A cela s'ajoutent 455'685€ de frais que j'ai pu tracer. Mais la majorité des SCPI n'indiquent pas les montants remboursés.

Voir l'intégralité des données

Par exemple, AEW fait la différence entre les jetons et les frais : pour ses 10 SCPI 24'800€ en moyenne de jetons et 11'838€ de frais.

Chez Allianz Pierre on se contentera d'une ligne "Rapports annuels, publicité légale et jetons de présence". La facture est de 72'219€ en 2020, 95'348€ en 2021 et 117'815€ en 2022. Une augmentation de 63% en en 2 ans, sans explication.

La distribution, elle, a fait -1,25%, et le prix de part -1,31% sur la même période.

Son CS n'a rien trouvé à redire.

Est-ce bien raisonnable ?

Quand Corum fixe à 4'000€ ses jetons, Épargne Foncière (La Française), plus grosse capitalisation du marché, propose 67'125€. C'est 57'000€ chez BNP pour Accès Valeur et Accimmo, et 50'000€ chez AEW pour Fructipierre et Laffitte. Des chiffres qui semblent corrélés à la taille de la SCPI comme le montre cette distribution entre les jetons (hors frais) et la capitalisation (en M€).

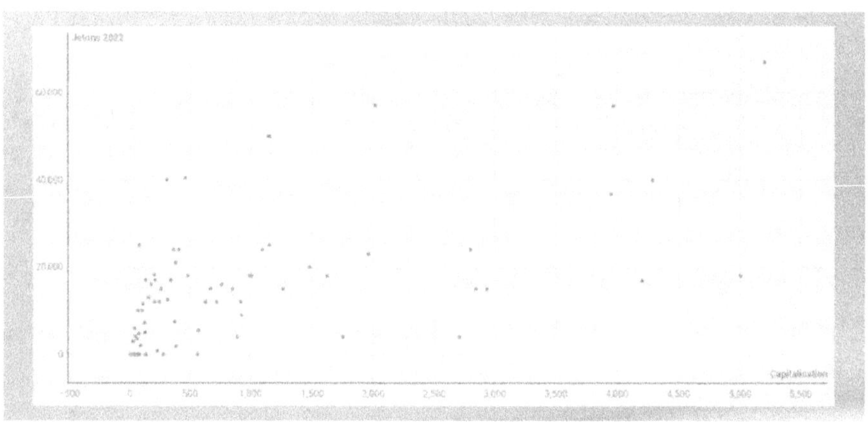

Ils sont en constante augmentation depuis des années.

Chez Fructipierre (AEW) c'était 22'360€ en 2020 et 22'555€ en 2019. C'est 50'000€ en 2022. Soit 122% d'augmentation. Sur la même période, le rendement a baissé de 5,88%.

Même combat chez Laffitte (AEW) : les jetons passent de 30'000€ à 50'000€ sur 3 ans, tandis que le prix de part baisse de 37% et le rendement de 1%. Dans son rapport écrit en 2022, le CS s'étonne d'une collecte basse, mais indique que "les qualités intrinsèques de notre SCPI ne sont pas remises en cause" et parle même de « stabilité de notre patrimoine en matière de valorisation ».

En réalité l'immense majorité des CS ne remettent aucunement en cause les décisions du gérant.

Relativement aux parts de SCPI : les jetons sont énormes !

☞ 12 SCPI (dont 3 La Française, 3 BNP) distribuent plus de 2'500€ par personne : 5'181€ chez Accimmo (BNP), 4'475€ chez Épargne Foncière (La Française). On arrive à 7'110€ chez Pierre Plus (AEW) de coût pour les actionnaires, si on ajoute les frais.

☞ En moyenne les jetons représentent le prix de 4,4 parts de la SCPI : 25 chez Accimmo (BNP), 14 chez France Investipierre (BNP), 11 chez Efimmo (Sofidy) et 10 chez Immorente (Sofidy).

☞ Les jetons représentent en moyenne le rendement de 114 parts : 665 chez Accimmo (BNP), 295 chez Investipierre (BNP) et 600 chez Sofiprime (Sofidy)

A l'inverse avec un prix de part à 15'300€, les 12'000€ de jetons de Immo Evolutif ne représentent que 0,1 part et 2,2 rendements de part. C'est d'autant moins sujet qu'il faut au moins 50 parts (765K€) pour être actionnaire.

Forcément les 23 SCPI accessibles à moins de 1'500€ laissent entrevoir un possible problème : elles proposent 5 fois la mise minimum et 130 fois le rendement minimum.

Les élus font-ils ça (uniquement) pour l'argent ?

De belles primes supplémentaires

Il est difficile de faire une analyse complète tant les rapports sont différents. M. Kontz raconte avoir demandé il y a 10 ans « que la liste des candidats, avec le métier et le nombre de parts, soit dans le rapport annuel ». C'est chose faite, comme chez Amundi.

Cinq postes sont à pourvoir.

Les membres sortants sollicitant le renouvellement de leur mandat sont les suivants (par ordre alphabétique) :

Prénom et Nom	Date de naissance	Activités ou références professionnelles au cours des cinq dernières années	Nombre de parts détenues dans EDISSIMMO	Nombre de mandats détenus dans d'autres SCPI gérées ou non par Amundi Immobilier
Herve DELABY	10/06/1955	Médecin généraliste retraité	1 724	2
Jean-Yves LAUCOIN	19/05/1959	Expert-comptable diplômé Commissaire aux comptes Dirigeant du groupe GECPO Actuellement retraité	1 270	1
André MADEORE	03/10/1946	Retraité de l'aéronautique	800	1
Max WATERLOT	01/08/1951	Retraité de la fonction publique depuis 2014 Toujours actif dans l'expertise judiciaire	1 128	5

Les associés qui ont envoyé leur candidature sont (par ordre d'arrivée) :

Prénom et Nom	Date de naissance	Activités ou références professionnelles au cours des cinq dernières années	Nombre de parts détenues dans EDISSIMMO	Nombre de mandats détenus dans d'autres SCPI gérées ou non par Amundi Immobilier
Olivier LAVIROTTE	24/02/1964	Gérant de la Sté Olivier Lavirotte Consulting EURL Représentant France et Maghreb & Afrique Francophone du Groupe italien coté Maire-Tecnimont	216	4
JPM MANAGEMENT Représentée par Jean-Pierre MARCHENAY	Du représentant légal 24/12/1956	SAS de prises de participations gestion contrôle et mise en valeur de titres et droits Références du Représentant légal : Président de la SAS le Palais de la Glace jusqu'en 2019 Président de la SAS JPM MANAGEMENT depuis 2015 Administrateur du Crédit Agricole, Vice-Président de la caisse locale d'Avignon Juge consulaire au Tribunal de commerce d'Avignon	2 765	1
SAS LE PROVOST représentée par Philippe LE PROVOST	du gérant 27/06/1960	La prise d'intérêt dans toutes sociétés, la souscription de contrat de capitalisation, l'acquisition et gestion immobilière, prestations de services Références du gérant : Docteur en Pharmacie	2 000	1

Mais c'est parfois beaucoup plus flou. AEW ne donne qu'une liste sans détail. En 2021 dans son rapport annuel, Aestiam indique que tous les mandats sont à renouveler. Puis l'acte dans un bulletin trimestriel sans donner de détail. « C'est néanmoins inscrit sur le bulletin de vote » précise un habitué des conseils des surveillance.

Pourtant c'est particulièrement instructif. Faisons un tour chez Valeur Pierre (BNP). Fin 2022 : 5 mandats, 23 candidats. On les comprend : le jeton moyen correspond au rendement de 182 parts. Les postulants possèdent 192 parts en moyenne.

Des revenus qui ne sont pas fiscalisés comme des valeurs mobilières, mais comme des revenus fonciers, au même titre que ceux de la SCPI, dont ils sont issus.

12 postulants sur 18 percevraient plus en jetons qu'en rendement de part !

Pareil chez Edissimo (Amundi) : les personnes physiques postulantes possèdent 622 parts en moyenne (valo : 127K€), pour environ 4'500€ de revenus. Les 1'129€ de jetons représentent donc en moyenne 25% de leurs revenus.

A L'Oustal des Aveyronnais (Amundi) c'est 81K€ de parts pour 2'284€ de revenus, soit un jeton à 354€ qui pèse 15% de leurs revenus.

Accès Valeur (BNP) voit arriver 23 candidats pour 5 postes. Si certains noms commencent à devenir familiers, comme Jean-Luc Bronsart et ses 276 parts, certains sont de petits porteurs avec moins de 50 parts. Même constat chez l'autre gros distributeur de jeton de BNP qu'est Accimmo : 26 candidats pour 7 postes, avec une moyenne de capital détenu similaire… et des candidats communs. La moyenne d'âge des candidats est de 61 ans.

S'il ne semble pas y avoir de très petits porteurs, ou de gens qui n'achètent que quelques parts, un calcul sur une dizaine de SCPI qui communiquent le nombre de parts détenues par les candidats, amène à un jeton représentant entre 20 et 30% de revenus supplémentaires (hors frais).

Interrogé sur ces proportions importantes, M. Kontz abonde :

« On peut se dire que ce n'est pas normal. D'ailleurs, dans certaines SCPI, il y a un nombre minimum de parts à acquérir pour postuler au conseil. »

Des conflits et des intérêts

On l'a vu, certains ne distribuent pas de jetons. C'est le cas d'Affinité Pierre chez Groupama qui ne rembourse pas non plus les frais. On y retrouve un retraité qui a investi 1'000€, mais également deux entités Groupama :

- Misso, un assureur forêt ;
- Et la Caisse Paris Val de Loire.

Un certain Eric Gelpe siège également à titre individuel. Cet actionnaire de 54 ans n'est pas n'importe qui : cet ancien DG du GAN a été patron de la caisse susnommée.

C'est également le cas de Thibault Delahaye, président du conseil de surveillance de Eurovalys, géré par Adevenis IM dont il a été… directeur général pendant 13 ans ! Il y siège avec Julien Ribes, dirigeant de MySCPI.com (qui siège régalement chez Sofidy Europe Invest).

Même combat chez Elysées Pierre (HSBC AM) où on retrouve une ancienne gérante du groupe, un ancien directeur commercial, et un gérant actuel.

Chez Allianz Pierre, c'est Allianz Vie qui préside, société sœur d'Allianz Immovalor, gérant. Le reste du conseil, dont la moyenne d'âge est de 73 ans, ne semble pas vraiment plus diversifié. On y trouve Marcel Dehoux, habitué des CS Allianz, député socialiste du Nord pendant 22 ans, en plus d'avoir été conseiller général (17 ans) et maire (24 ans). Un ancrage local l'a fait entrer dans plusieurs conseils d'administration de logement social, comme Mon Abri ou Habitat du Nord.

Près d'un tiers des SCPI analysées ont au conseil de surveillance des personnes ou des sociétés directement ou indirectement liées à la société de gestion. C'est sans doute plus, n'ayant pas eu la possibilité d'analyser les 820 personnes physiques et morales qui sont dans les conseils de surveillance.

J'ai également trouvé des distributeurs (plateformes, réseaux, etc., hors assureurs) et des conseillers en gestion de patrimoine dans près d'un quart, sans avoir pu être exhaustif. Une présence qui ne gêne pas les membres de conseil de surveillance que j'ai interrogé.

Un acteur majeur de la distribution alternative confesse lui ne pas se sentir désiré :

« Les sociétés de gestion sont toujours un peu mitigées à l'idée de s'afficher ouvertement avec nous. »

Il évoque d'ailleurs un unfair avantage qu'ont les distributeurs et CGP en "motiv[ant] nos clients à voter pour nous ". Un autre, patron d'une des grandes plateformes SCPI m'explique lui avoir été approché à plusieurs reprises pour siéger. Sa réponse est nette :

« Je refuse d'être au conseil de surveillance de SCPI. Je refuse d'être associé fondateur. Il y a un conflit d'intérêts majeur ! »

D'autres assument, comme Raphaël Oziel. Conseiller en gestion de patrimoine, passé chez Sofidy et Linxea, il est présent dans 8 conseils de surveillance, dont Activimmo :

« J'ai débuté comme conseiller : quand on monte dans les strates, et qu'on te propose d'entrer, t'es honoré ! »

Son conflit d'intérêt est généralement indiqué. Sur la page d'Activimmo, il écrit :

« Je suis parmi les associés fondateurs de cette SCPI et j'ai la chance d'être vice-président du conseil de surveillance, j'ai donc pu la côtoyer de l'intérieur et je peux vous dire que votre épargne est entre de bonnes mains. Elle constitue l'une de mes SCPI coup de ☐ »

Ses communications ne laissent pas présager d'une préférence particulière pour un produit. Mieux : pour lui, afficher ce « prestige » c'est une manière « de [se] crédibiliser ». Il avoue avoir des ventes très faibles sur certains véhicules dont il est membre du CS. Un ancien gérant d'une SCPI milliardaire va dans le même sens : « Les conseillers en gestion de patrimoine se servent du conseil de surveillance comme de la Légion d'honneur ».

Et si les 8 mandats peuvent sembler énormes (et M. Oziel confie trouver que c'est un très travail assez long), on est loin des spécialistes en la matière.

Les cumulards

Parmi eux, M. Kontz. Cet ancien gendarme de 68 ans est un habitué des CS depuis 20 ans.

« Je suis entré dans les conseils de surveillance pour suivre mes investissements. Je suis principalement dans des SCPI fiscales, mais je vais perdre pas mal de mandats suite aux dissolutions prochaines. »

Effectivement, M. Kontz a siégé ou siège toujours dans 25 SCPI fiscales d'AEW, Allianz, BNP ou encore La Française. Passé par Opus Real (BNP) et Crédit Mutuel Pierre 1 (La Française), il siège chez France Investipierre (BNP) comme président. Jusqu'à jeudi, il était vice-président chez Accimmo (BNP).

Fin 2022, il s'est également présenté au CS de Cap Foncières & Territoires, puis chez Altixia Cadence XII et Epargne Pierre (Atland). Sandrine Kontz, qui siège au CS de Ciloger 3 et 4, s'est également présentée chez Selectipierre 2 (Fiducial).

Sur les 111 SCPI analysées, 15 autres personnes physiques ont au moins 5 mandats actuellement en cours. Damien Vanhoutte, 72 ans, est présent dans 4 SCPI La Française, et 4 Périal. Gérard Baudiffier, 65 ans, est lui un fidèle du Crédit Mutuel. Président du CA de sa caisse locale, il siège dans 5 SCPI La Française, groupe Crédit Mutuel. Tout comme François Rincheval présent dans 5 SCPI du groupe. Sans compter les véhicules fiscaux.

M. Cattin, est lui au conseil de 8 SCPI, dont 5 gérées par La Française, et propose sa candidature chez Cap Territoire, Pierre Capital (Swiss Life), Allianz Pierre et Pierre Plus (AEW) :

« J'y ai pris goût. Ça me prend du temps, mais j'aime ça. Je le fais comme au Conseil municipal où je siège : je bosse à fond » m'explique-t-il.

Mais il existe 2 champions : Olivier Blicq et ses 13 mandats, mais surtout Jean-Luc Bronsart et ses 16 mandats, soit 14,4% des SCPI ouvertes à la souscription !

Ce cumul de l'extrême pose des questions, sur leur capacité, et leur intérêt à surveiller, surtout quand ils perçoivent quasiment autant de jetons que de loyers !

M. Blicq possède par exemple 10 parts d'Opportunité Immo, pour une valeur de 2'030€ rapportant environ 108€ / an. Avec un jeton autour de 1'050€, c'est 50% de revenus en plus. Fin 2022 il a postulé au CS de Logipierre 3, dont il détient 10 parts (16'000€) pour un jeton d'environ 430€. Sur le rapport de gestion de Crédit Mutuel Pierre 1, il affirme avoir 17 mandats CS en cours dans des SCPI.

M. Bronsart, 68 ans, est lui le champion toutes catégories : 2 présidences et 3 vice-présidences. Fin 2022, il postule chez Accès Valeur Pierre (BNP), dont il détient 276 parts (231K€) et déclare un total de… 48 mandats. Postulent également Jacques Morillon, 58 ans, et 11 mandats.

Parmi les 16 mandats en SCPI diversifiée de M. Bronsart, il m'a été possible de reconstituer la répartition de 8 investissements : 1'926 parts, valorisées 1,178M€ qui ont permis d'encaisser autour de 51'717€ en 2022. On le retrouve dans deux SCPI qui n'ont pas de jetons (Grand Paris et Urban Coeur Commerce) et chez Allianz Home dont le montant n'est pas précisé.

On peut estimer le montant des jetons perçus par M. Bronsart autour de 25'840€, soit l'équivalent de 71 parts de son patrimoine moyen, rien que pour 6 mandats sur la cinquantaine déclarée. Dans les SCPI où il a été possible de calculer ses positions, les jetons représentent en moyenne… 84% de revenus supplémentaires ! Chez Opus Real (BNP), où ses 7 parts lui rapportent 394€, il perçoit 3,4x plus en jeton. C'est 1,5x chez Opportunité Immo (La Française) où ses 68 parts distribuent 735€ en 2022 contre 1'136€ de jetons, hors frais.

Le reste des mandats de M. Bronsart se situe dans des SCPI fiscales, fermées à la souscription, et qui ne font pas partie des 111 véhicules de ma liste initiale.

Contactés, Ms. Blicq et Bronsart n'ont pas répondu.

Petits jetons entre amis

M. Bronsart est par exemple président du CS d'Urban Pierre 3, qui ne distribue pas de jetons. Mais on le retrouve dans 3 véhicules fiscaux AEW, qui, eux, en distribuent :

☞ Président de Ciloger Habitat 2 (Scellier) : 22'500€ soit 1875€ par personne.

☞ Membre de Ciloger Habitat 4 (Duflot) : 13'500€ soit 1'125€. Il y siège d'ailleurs avec des habitués comme Christian Bouthié.

☞ Membre de Ciloger Habitat 5 (Pinel) : 15'000€ soit 1'250€. Dont M. Bouthié est président.

☞ Chez Multihabitation 2, c'est M. Kontz qui est président, et M. Bonsart secrétaire. Les 9 membres se partagent 9'000€, dont François Rincheval, multimembre de CS La Française. Et c'est pareil pour les versions suivantes.

☞ MH 3 (Robien) 9'000€ à 9, avec M. Kontz au secrétariat, et toujours M. Rincheval.

☞ MH 4 (Borloo) : cette fois M. Bronsart préside et M. Kontz est membre avec M. Richeval. Nouveauté : M. Blicq est secrétaire ! Toujours 1'000€ / personne.

☞ MH 5 (Scellier) arrive, et c'est M. Cattin qui devient président, M. Bronsart secrétaire. M. Rincheval est toujours là, ainsi qu'une flopée de noms déjà connus. Toujours le même budget.

Pour MH 9, même combat : M. Cattin président, M. Bronsart secrétaire, et M. Blicq rejoint l'histoire. Nouveauté : seulement 6'000€ de jetons.

Sinon je ne cite pas les autres MH c'est parce que M. Bronsart n'y est pas : mais les autres oui, évidemment. Et c'est pareil (avec la même banque) chez Rénovimmo (La Française, 9'000€), Résidence Patrimoine (AEW, 10'000€ avec M. Bouthié), Atout Pierre Habitation 2 (AEW, 9'000€, avec M. Kontz) ou encore Fructirésidence (AEW, 10'000€, avec M. Bouthié) etc.

De l'aveu de tous, les véhicules fiscaux prennent moins de temps. M. Kontz regrette d'ailleurs que tous les biens soient déjà achetés au lancement des souscriptions. Mais "une SCPI diversifiée c'est beaucoup de boulot" affirme Mme. Karsenty.

Les cumulards peuvent-ils assurer un travail efficace et indépendant ?

Les réponses divergent. Plusieurs gérants qui ont été au contact de ces personnes parlent de membres « influents » « constructifs » « grandes gueules » « éloquents ».

« Jean-Luc Bronsart est le plus éloquent dans les conseils. Mais lui et les autres apportent vraiment quelque chose », m'explique un conseiller en gestion de patrimoine.

D'autres sources évoquent des membres dont on écrit parfois le plan sur rapport qu'ils ne font que signer. « M. Kontz commence à ruer dans les brancards » commente un fin connaisseur. Avant d'ajouter :

« Y'a pas de travail la plupart du temps. Ils viennent, ils mettent les pieds sous la table, et voilà. »

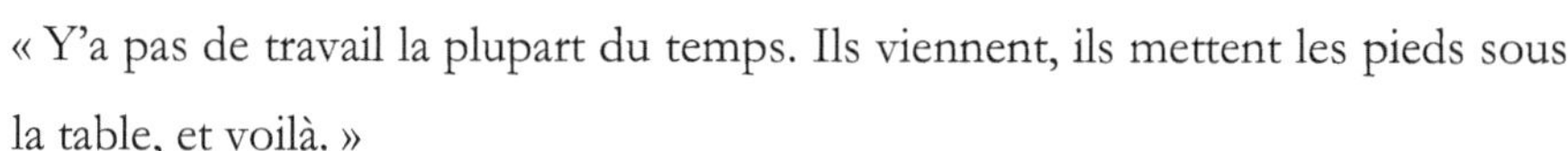

C'est peut-être la raison pour laquelle les membres de conseils de surveillance sont souvent âgés. Un habitué l'analyse comme ça :

« Une personne en activité va devoir prendre une demi-journée pour assister à une assemblée générale. Ça va bien une fois ou deux… »

Plusieurs professionnels y voient le syndrome des syndics : les plus âgés qui ont plus de temps s'occupent, rentrent dans les détails, tandis que d'autres sont contents que ça soit fait pour eux.

Deeds not words!

Seuls 14% des grandes institutions financières mondiales sont dirigées par des femmes. Si Société Gérénale et Crédit Agricole ont une femme parmi les directions générales, il n'y en a aucune chez BNP ou au Crédit Mutuel. Les chiffres des Comex du CAC 40 et SBF 120 ont montré que pour augmenter la part des femmes, la méthode la plus courante n'aura pas été remplacer les hommes… mais de faire des Comex plus grands. Aucune grande banque française n'est dirigée par une femme.

Les SCPI n'échappent pas à la règle. Déjà parce que les femmes sont minoritaires parmi les investisseurs, et dans la finance et elles représentent moins de 25% des effectifs. Pire : elles sont concentrées dans les RH (58% de femme), la compliance (34%) et le marketing (46%).1 Dans les postes de gérance, c'est 17%. Anne Rabant fait figure d'exception chez Amundi : la SCPI c'est un métier de bonhomme ! Et ça se ressent dans les CS.

Sur 1047 postes de CS, 108 sont occupés par des femmes (10,3%) mais seulement 78 (7,4%) par des personnes physiques, les autres étant mandataires.

Chez Astiem, c'est 3 femmes pour 34 postes. Pareil chez AEW, mais pour 114 membres ! 1 sur 58 chez Amundi. 0 sur 25 chez Atland. 7 sur 65 chez BNP. 3 sur 69 chez Fiducial. 8 sur 106 à La Française. 3 sur 62 chez PAREF. 2 sur 45 chez Primonial. Seul Sofidy fait mieux avec 10 sur 56.

☞ La moyenne est de 0,76 femme par CS

☞ 51 SCPI n'affichent aucune femme au CS

☞ Plus de la moitié des femmes (42) sont au sein de 16 SCPI

Dont Inter Gestion qui fait figure d'exemple avec 2 SCPI où siègent 4 femmes sur 7 membres. Seule Sofipierre (Sofidy) s'en approche avec 40%, puis Optimale (Consultim) à 33%.

M. Kontz préfère dézoomer la situation :

« En 2020 c'était beaucoup moins ! Il y a de plus en plus de femmes qui postulent, et je constate que globalement elles sont plus ténues »

Autre analyse intéressante : plus la SCPI est grosse, moins il y a de femmes comme le montre ce graph' de répartition.

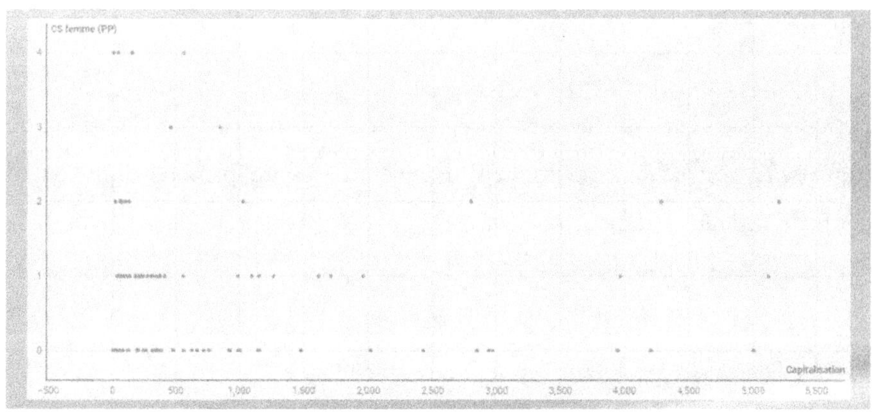

Ça interroge grandement sur les SCPI se revendiquant ISR, soit environ la moitié des véhicules. ESG Pierre Capitale (Swiss Life), qui a quand même affiché son engagement jusque dans son nom, arrive à n'avoir aucune femme sur 8 membres. Son rapport s'ouvre sur SON président, et SON gérant. Au

directoire de la société de gestion siège 1 femme sur 5 membres (marketing).
Au CS de la même société siège 1 femme sur 8.

Et il y a des chances que rien n'bouge
Tous les gens que j'ai interrogés sont formels :

TOUT LE MONDE S'EN FOUT

Parce que si j'ai passé un temps infini à compiler les données pour les analyser,
la plupart des conclusions étaient déjà connues. Les SCPI sont des véhicules
vieillissants à la gouvernance datée. L'arrivée des sans frais ou des plateformes
de distribution, notamment en cashback, ont rajeuni un peu le public.

Mais le gros du marché se ressemble : ce sont produits financiers où des sociétés
de gestion dirigées par des vieux blancs en costard se gavent de frais, en faisant
vendre à des intermédiaires qui se gavent de frais, des produits où personne ne
comprend rien.

Les conseils de surveillance sont en partie gangrenés par des personnes qui ne
sont pas au service de associés qu'ils devraient défendre, planqué au milieu de
conflit d'intérêts rarement soulevés. Se pose également la question de leur
liberté d'action, quand leur avis n'est que consultatif.

Parce qu'en fait, le problème est peut-être ailleurs.

Une société de gestion n'est payée que pour gérer le véhicule de ses associés.
Elle n'est pas propriétaire de sa SCPI puisqu'elle en cède des parts. De fait, sa
surpuissante, comme son mandat à vie, pose question. Peut-être qu'une piste
de réflexion serait de changer les conseils de surveillance, consultatifs, en conseil

d'administration, exécutif. Mais l'AMF semble prendre le chemin opposé.

En attendant, les gérants, et ce qu'ils ont dans les poches restent les seuls maîtres à bord.

SCI : voyage au pays de l'opacité

De quoi parle-t-on ?

Pour bien comprendre la suite, il me semble important qu'on parle bien de la même chose.

Prenons l'exemple de Capimmo qui a fait couler beaucoup d'encre :
Capimmo est une SCI créée et gérée par Primonial, destinée à être une UC dans les assurances-vie. Sa valeur liquidative est de 259,9€.

C'est une SCI (société civile immobilière), c'est-à-dire une forme de société destinée à investir en immobilier collectivement.
Il faut donc forcément (au moins) 2 associés.

Depuis 2007, il s'agit de Patrimoine Management & Associés (devenu Primonial) et PMA Gestion (devenu Stamina Asset Management, disparu depuis), avec 1 part chacun. Ce 2e n'est pas un hasard, son ancien nom est Primonial FundQuest et appartient à Primonial.

C'est parfaitement légal.

Selon mes informations, plusieurs assureurs seraient également associés. Impossible de savoir comment. Ils n'apparaissent sur aucun document.

Primonial est un groupe. Son 1er rôle est de gérer l'argent pour compte de tiers : c'est une société de gestion (ou asset manager). Il y a un certain nombre de filiales dédiées à ça, en fonction des domaines (et des acquisitions). Mais Primonial possède également une filiale de distribution qui s'appelle Primonial Partenaires dont le rôle est de discuter avec des distributeurs qui vendent ses produits.

UC (unité de compte) : si on reste dans le cas des assurances-vie, les UC s'opposent aux fonds en euros, qui sont garantis. Les UC présentent un risque de perte en capital (et donc un possible rendement plus élevé) : ça peut être des actions, des obligations, des fonds mobiliers, des ETF… ou de l'immobilier dont les SCPI et les SCI.

VL (valeur liquidative) : pour schématiser, il s'agit du "prix de cotation". Si je veux vendre la part, je la vends à ce prix. Le calcul est plutôt simple : valeur de l'actif net ÷ nombre de parts.

Un véhicule opaque

La SCI permet une gestion assez souple, mais surtout… complètement opaque.

Aucune des 45 SCI répertoriées par Quantalys n'a déposé ses comptes lors des 2 dernières années. Contrairement à leurs sociétés de gestion qui y sont contraintes à cause de leur agrément.

Ce n'est pas un hasard : au sens de la directive AIFM, il s'agit d'un FIA (fonds d'investissement alternatif), qui ne fait pas d'appel public à l'épargne, puisque les investisseurs n'y souscrivent jamais en direct.

Mieux : la cofondatrice d'une société de gestion m'expliquait ne pas avoir le droit d'expliquer la gestion de la SC auprès des épargnants, parce qu'en tant que produit réservé à des institutionnels, l'AMF ne l'autorisait pas.

Quand bien même ce sont des particuliers qui en sont les bénéficiaires finaux.

Les SCPI sont un exemple inverse :

C'est un produit complexe au sens de l'AMF, mais plutôt transparent

Leur valorisation est faite approximativement de la même façon

D'ailleurs, si beaucoup d'entre elles ont vu leur valeur baisser récemment, c'est parce qu'elles ont l'obligation de revoir régulièrement le prix de leurs biens, et que l'AMF les a obligés à le faire avant l'été. Et non parce qu'elles ont eu "le courage" de le faire, malgré ce que disait Jean-Marc Coly en septembre dernier, président de l'ASPIM, le lobby des gérants de fonds immos.

Les sociétés de gestion de SCPI doivent aussi communiquer de manière très précise aux associés sur leur gestion.

Parce que dans une SCPI : TOUS les investisseurs sont associés, c'est-à-dire qu'ils achètent des parts de capital de la SCPI, et la société de gestion est payée pour la gérer. La SCPI ne lui appartient pas.

Dans le cas d'une SCI : rien à voir. Les associés de Capimmo sont Primonial et différents assureurs qui commercialisent le fonds. C'est eux qui ont voix au chapitre sur les décisions.

Vous commencez à vous venir le truc ?

Note : dans une prochaine newsletter, je reviendrai sur le GIGA BORDEL que sont les SCI au sein des SCPI, pour les mêmes raisons. #teasing

Une liquidité pas toujours solide

L'article L132-21 du Code des assurances oblige les assureurs à offrir la liquidité. En clair : dès lors qu'un épargnant veut récupérer de l'argent de son assurance-vie, c'est possible.

L'impact n'est pas négligeable pour l'assureur.

Pour éviter les problèmes, la réglementation oblige le gérant à reconstituer 10% de liquidité sur 12 mois glissants.

Dans un cas classique, certains entrent, d'autres sortent, et les parts glissent d'un contrat à l'autre. Mais en cas de crise, si beaucoup de gens veulent sortir, alors ça devient problématique, pour 2 raisons.

Les actifs d'une SCI sont par définition peu liquides.

Quand tout le monde veut sortir, c'est que le marché chute, donc c'est le pire moment pour vendre des actifs.

C'est précisément ce point qui, je pense, est mal compris et jamais traité dans les nombreux articles qui sortent depuis septembre.

L'équation de Capimmo

Revenons chez Primonial qui nous explique que Capimmo c'est "L'immobilier diversifié accessible en assurance-vie". Parmi les arguments développés sur le site du gérant :

- Un objectif de mutualisation des risques : c'est-à-dire qu'il y a beaucoup de biens, donc on est moins exposés s'il y a un problème sur un actif
- Une mise de fonds limitée : à partir de quelques milliers d'euros
- Un track record : 264 investissements
- Une équipe expérimentée
- Une poche de liquidité : "5 % minimum, de 35 % maximum en foncières cotées et biens immobiliers en direct et de 60 % à 90 % d'immobilier collectif non coté."

Cette liquidité n'est pas garantie.

Primonial le précise dans les petites lignes que personne ne lit. D'ailleurs, y'a tellement personne qui les lit, que personne chez Primonial n'a remarqué que le copier-coller du dernier risque n'a pas été mis en forme. ☐

Au T1 2023, Capimmo affichait une minuscule collecte de 30M€ et indiquait avoir 300M€ à investir, et 375M€ dispo pour assurer la liquidité. La performance affichait -1,32%, pour 7,35mds€ d'actif et une valeur liquidative de 289,60€.

À l'époque la note de gestion parlait d'une baisse « très contenue par rapport à l'évolution des marchés » et estimée comme « temporaire au regard [...] des perspectives propres à la gestion ».

Au T2, la performance YtD tombe à -1,82%, l'actif net a fondu à 7mds€, et la valeur liquidative affiche 288,13€. La poche de liquidité montait à 9%, contre 8,1% au T1. Le gérant continue de parler de "performance exceptionnelle".

Que s'est-il passé depuis ? Aucune idée.

Tout juste sait-on, par exemple, que l'exposition aux SCPI et OCP est passée de 15,5% (1,13mds€) à 15,1% (1mds€). Ces opérations posent évidemment question, parce qu'il semble assez évidemment que Primonial investit dans ses propres SCPI et OPCI… et inversement.

J'en veux pour preuve que Capimmo… est au conseil de surveillance de Patrimmo, SCPI du même groupe et l'a été 4 ans de suite dans celui de Primopierre.

Le 28 aout, suite à la forte décollecte sur les assurances-vie (1,6mds€ sur S1) Primonial REIM avertit ses 15 assureurs-distributeurs que la liquidité ne pourrait pas être assurée au-delà du milliard d'euros de retrait. Selon un assureur interrogé, la SCI aurait déjà passé quasiment 10% de liquidité durant l'été.

L'information est reprise une semaine plus tard, et les épargnants commencent à s'agiter, faisant craindre un FUD2 et donc une contagion des retraits.

Quelques jours plus tard, sa VL affiche -12% (soit une perte de 700-750M€ pour les épargnants) et des articles et commentaires mettent en cause le plan de cession négocié entre Primonial et les assureurs.

En somme : les assureurs auraient tapé dans l'argent des épargnants pour assurer leur propre liquidité.

Le théorème de Pythagore

En début d'année, c'était Theoreim, gérant de la SCI Pythagore qui avait agité le petit milieu. J'ai d'ailleurs reçu nombre d'alertes m'expliquant que le fonds courait à la faillite.

Mais alors, pourquoi donc ?

En 2022, Pythagore affichait une performance de +2,35% (3,41% pour la moyenne de marché3). Mais sur S1 2023, sa VL a progressivement chuté (quand les autres stagnaient).

Theoreim ayant senti le vent tourner au T4 2022, la SCI a accumulé des liquidités pour faire face à d'éventuels rachats. Cette liquidité était en moyenne rémunérée 4%, soit un peu moins que l'immo, mais n'a pas eu d'impact sur la VL

Le gérant décide alors d'accumuler 26% de liquidité. Puis 6% supplémentaires en février.

Et c'est là qu'arrive l'histoire.

Suite aux baisses du marché, Pythagore fait face à des rachats et lâche ses 26%. Avec les 6% supplémentaires, il lui faut donc trouver 4% pour reconstituer ses 10.

Deux choix sont sur la table :

Un microplan, qui permet de récupérer les 4% ;

Un plan plus ambitieux (21 mois), qui avait été provisionné. S'il n'était pas intégralement exécuté, la provision serait réincluse dans la performance.

La liquidité qui part en fumée

Mais alors, est-ce que ces plans de cessions sont-ils préjudiciables aux épargnants ? Eh bien… ça dépend.

Reprenons Capimmo. Fin aout, Primonial établit un plan qui permettra de vendre pour 2.2mds€ d'actifs sur 3 ans. Et c'est ça qui permet de calculer la VL.

Disons que mon fonds valait 100 au 1er janvier.

Avec la baisse du marché, les expertises disent qu'il vaut 85.

Mon plan de cession m'oblige à vendre à des prix qui ne sont pas optimums : dès maintenant, je vais appliquer la décote "vente rapide" à ces actifs, ce qui fait que mon fonds va valoir 75.

La réalité, c'est que la valeur intrinsèque entre 2. et 3. est la même. Mais en 3., j'applique une VL "au cas où".

Et c'est en réalité totalement *fair* pour les épargnants.

Ceux qui sortent du fonds, et qui donc sont responsables des cessions rapides, partent avec moins d'argent. Ils payent une sorte de "taxe sur la liquidité".

À l'inverse, pour ceux qui restent, l'impact est faible. Ils subissent une perte virtuelle sur la baisse du marché, mais si le plan de cession n'est pas exécuté, ou partiellement, alors la VL remontera comme en 2.

Le swing pricing

Afin que le phénomène soit plus clair, et éviter ces mouvements, plusieurs gérants portent l'idée du swing pricing.

L'idée c'est de dire que quand un seuil de liquidité est atteint, alors la VL de ceux qui veulent sortir est diminuée comme une "taxe liquidité", ce qui protège les investisseurs qui restent.

Néanmoins, cela peut poser des problèmes lorsque des institutionnels entrent ou sortent avec de gros tickets qui peuvent déstabiliser le fonds.

Ça pose également la question du conflit d'intérêts : nombre d'assureurs sont associés des SCI.

Autorisé par l'AMF depuis 2014, il n'est pas appliqué aux fonds immobiliers, et reste marginal ailleurs selon une étude de la Banque de France.

Des VL un peu aléatoires

Mais alors, comment expliquer que les VL YtD des SCI vont de -12% à +6% ?

Parce que chacun a sa méthode de calcul !

Vraie raison. Certains ajoutent plus ou moins de frais. Certains veulent coller à la réalité du marché, quand d'autres lissent un peu plus. D'autant que selon les pays, les expertises n'ont pas le même sérieux.

Prenons le cas précis d'une des plus grosses perfs de l'année : Silver Avenir.

+5,38% YtD

+25,33% sur 3 ans !

Mais quelle est cette diablerie ?

Le fonds géré par Arkea Reim achète des viagers sans rente. La documentation commerciale précise "avec une décote d'environ 30%".

Au T1 2023, la SCI affiche +1,49% de performance, 90 biens acquis pour 68M€. Et c'est là c'est la subtilité.

La SCI achète par exemple une belle maison dans le Golfe du Morbihan à 5,7K€ le m2, quand l'expert retient 10,5K€, soit une décote de 46%. Et voilà. La perf' est inscrite au bilan !

Pour être clair : les performances la SCI ne sont nullement corrélées à un véritable marché ou de véritables ventes, mais sur des plus-values potentielles en attendant que les habitants meurent. Arkea a d'ailleurs la délicatesse de nous informer qu'il leur reste en moyenne 12,3 ans à vivre.

Reste que ça fausse énormément la comparaison avec d'autres fonds qui valorisent un prix de revente actuel, et non plus plus-value espérée ou une décote

Plus de conflits que d'intérêts

Une nouvelle fois, on peut s'interroger sur la phrase toute faite des "intérêts alignés".

Primonial aura gagné de l'argent : les 2% à l'entrée, les frais de gestion, d'arbitrage, etc.

Les assureurs en tant que courtier

Les conseillers qui y ont emmené leurs clients également

Mais plus largement, on peut s'interroger sur le traitement de l'information. L'Agefi, par exemple, a fait nombre de titres racoleurs sur les véhicules immobiliers, et a passé plus de temps à mettre "EXCLU" devant un communiqué de presse qui venait de sortir, que d'analyser en profondeur les mouvements.

Mais comment demander à la presse professionnelle, qui vend des abonnements à plusieurs milliers d'euros aux gérants, d'aller gratter sur leur travail ?

Comment imaginer avoir une analyse profonde sur des placements dont les gérants achètent de pleines pages de pub ?

Pire. Comment remettre en cause un fonds à qui on a vendu une récompense ?

Capimmo affiche encore fièrement son "Prix des CGP" aux Pyramides de la

Gestion de Patrimoine 2023 (magazine Investissement Conseils, qui n'écrira pas une ligne sur la chute), et son prix de la meilleure SCI 2023 décerné par Gestion de Fortune (qui n'en dira mot).

Il suffit de payer 2 à 8'000€ pour afficher fièrement ces labels façon Jacques Martin, qui posent de graves questions déontologiques. Déjà parce que c'est le pognon des investisseurs qui servent à les payer. Et parce qu'ils payent indirectement des médias qui se montrent bien peu acerbes et informés sur la qualité des fonds. Et sur leur fonctionnement.

Le 1er jour, l'AMF créa la SCPI

Apparue en 1964, la SCPI est encadrée par le régulateur depuis 1970. Un des premiers véhicules s'appelle Épargne Foncière. Créé en 1968, il a toujours été géré par le même groupe qui a maintes fois changé de nom jusqu'à devenir aujourd'hui La Française.

Contrairement à la plupart des autres placements, les investisseurs d'une SCPI sont appelés des "associés". Et pour une raison simple : le véhicule leur appartient. Si les sociétés de gestion (comme La Française, Primonial, Iroko, Sofidy, etc.) créent généralement les véhicules puis les gèrent : ils n'en sont que gérants, et non propriétaires.

D'ailleurs, à plusieurs reprises, des gérants ont été éjectés d'un SCPI, j'avais déjà raconté cette histoire dans une ancienne newsletter.

Pourquoi c'est important ? Parce qu'en 60 ans, les différents régulateurs ont petit à petit encadré ce type de FIA1 :

Quelques articles du Code civil (1845 et ses copains d'après)

Mais aussi du CoMoFi (dans les nombreux sous article 214)

Dans le règlement général de l'AMF (422-189 et suivant, puis 422-223 et ses voisins

Et dans une flopée de "positions de l'AMF" dont la DOC-2019-04

Rien à avoir avec le kamasutra, une position (ou doctrine) de l'AMF c'est quand elle donne son avis, et que t'es obligé d'être d'accord avec. Deal with it.

Ces détails ont leur importance, parce qu'ils obligent les gérants et les vendeurs de SCPI, à respecter un nombre (très) important de règles :

Sur la gestion quotidienne

Sur les reportings

Quels arguments de vente utiliser, et comment les présenter, etc.

El famoso rapport annuel

Les informations essentielles de gestion sont communiquées 4 fois par an dans des petits documents dits "bulletin trimestriel", et 1 fois par an dans un gros document dit "rapport annuel". Ils sont disponibles publiquement un peu partout.

À l'intérieur, plusieurs données sont obligatoires, et la manière de les calculer a évolué avec le temps de manière à ce que les informations y soient "exactes, claires et non trompeuses" selon la formule consacrée par l'AMF.

Par exemple, ce qu'on appelle couramment le rendement a été réglementé par l'AMF puis appelé TDVM (taux de distribution sur valeur de marché) afin que tout le monde ait le même calcul.

Dans la dernière modification, le prix de la part utilisé pour le calcul est le prix moyen d'acquisition. Ce qui permet d'éviter de prendre le prix qui arrange le gérant pour booster son rendement.

A l'intérieur du rapport annuel, on retrouve diverses informations, dont les comptes. Et c'est comme ça qu'on peut en apprendre plus sur les investisseurs des SCPI, et leur évolution.

L'exemple Heart of Defense

Normalement, les données des rapports annuels permettent de comprendre les investissements faits par les SCPI. Sauf que… Pas toujours, comme le montre ce cas qu'il me tarde de vous raconter.

L'histoire commence en 2001. Après des années de travaux, Unibail livre 350 000m2 de bureaux dans un bâtiment conçu par l'architecte Jean-Paul Viguier. Construit sur l'emplacement de l'ancien immeuble Esso, détruit en 1993, les tours jumelles très étroites (24m de large) culminent à 161m sont reliées en leur centre. Trois immeubles de 8 étages complètent l'ensemble qui est alors le plus gros complexe immobilier d'Europe avec l'énorme parlement roumain de Bucarest.

En 2004, Goldman Sachs rachète l'ensemble à Unibail pour 1,3mds€, avant de le revendre à Lehman en 2007 pour 2,1mds€ qui crée pour l'occasion la SCI Heart of La Défense (HOLD) détenue par une holding luxembourgeoise (pour le climat tempéré, j'imagine). Le siège social de la SCI est situé dans le bureau voisin de Télé Z (ouais le chien qui connait le programme télé du soir).

- une tour à usage de bureaux dénommée "Tour A", de 40 niveaux à compter du niveau Esplanade,
- une tour à usage de bureaux dénommée "Tour B", de 40 niveaux à compter du niveau Esplanade,
- un bâtiment à usage de bureaux et commerces dénommé "Bâtiment BI ", de 9 niveaux à compter du niveau Esplanade,
- un bâtiment à usage de bureaux et commerces dénommé "Bâtiment B2", de 9 niveaux à compter du niveau Esplanade,
- un bâtiment à usage de bureaux et commerces dénommé "Bâtiment B3", de 9 niveaux à compter du niveau Esplanade,
- (les Bâtiments BI, B2 et B3 dénommés ensemble "les Immeubles Bas")
- L'ensemble de ces ouvrages étant reliés entre eux par un Atrium.
- Le tout édifié sur une infrastructure constituée :
- d'un radier-poids,
- de 6 niveaux de sous-sol regroupant les parkings, (le niveau -1 étant un parking destiné aux visiteurs), des archives et des locaux techniques,
- du "niveau Livraison" en sous-sol, accueillant un zone de livraison, la cuisine centrale, les locaux courriers et poubelles, des archives, des réserves, des locaux techniques et le niveau bas du centre d'activité collectif,
- du "niveau Rue" regroupant des restaurants interentreprises, le niveau bas du centre de gestion, les postes centraux de sécurité (2PCS), des archives et locaux techniques et une partie du centre d'activité collectif,
- du "niveau Conférences" accueillant le niveau bas de l'Atrium, des restaurants interentreprises, le niveau haut du centre de gestion, le centre de conférences et quelques locaux à usage commerciaux,
- du "niveau Esplanade" correspondant à l'entrée piétons de l'ensemble immobilier et accueillant le niveau haut de l'Atrium, l'équivalent du rez de chaussée des Tours A et B et des Immeubles Bas, et quelques locaux à usage commerciaux.

Extrait de la transaction qui donne une idée du bien

Lors de la faillite de Lehman en 2008, HOLD est l'un des plus gros actifs de l'entreprise et la SCI est placée en procédure de sauvegarde. Sa dette est titrisée, puis achetée par une flopée d'acteurs, et s'en suit un bordel judiciaire jusqu'en 2014 où Lonc Star Capital met 1,3mds€ sur la table grâce à 2 lignes de financement de Merryll Lynch.

PRUNTS AUPRES D'ETABLISSEMENTS DE CREDIT	935 000 000
16420000 Emprunt MERRYLL	805 000 000
16430000 EMPRUNT BAML REFINANC. 130M€	130 000 000

Le taux d'occupation est alors de 77%, et l'immeuble ne sera jamais rentable.
En 2015, Lone Star perçoit 72M€ de loyer (5,5% de rendement), et 61M€ en
2016 (4,7%). Alors l'époque les principaux locataires sont HSBC (25%), Allianz
(6%), et RTE-EDF (8%)2.

En 2017, c'est Primonial, Amundi et Crédit Agricole Assurances qui vont coller
1,8mds€ pour racheter les sublimes couloirs aux moquettes bleues, et les
splendides cloisons modernes tendance René Coty.

Et ça là que commence vraiment l'histoire (ouais avant c'était pour rigoler) :

- Primonial colle 8,5% de la SCI dans sa plus grosse SCPI, Primopierre
- Amundi fait pareil dans 3 véhicules maisons
    o 10,67% chez Edissimo
    o 5,02% chez Genepierre
    o 8,76% chez Rivoli Avenir Patrimoine

Puis en remet 20% dans OPCIMMO (qui lui-même possède ses parts de ses
SCPI).

Restent donc 55% qui doivent végéter des fonds, foncières et autres UC dont
on ne sait rien.

Les fins limiers auront remarqué qu'on on a ici le quarté-plus gagnant de 2023,
dans l'ordre, option **super bingo de la lose**.
Bravo, c'est un beau bébé.
Félicitations aux gérants.

Et je doute qu'on puisse dire que HOLD n'y est pour rien.

Surtout en finissant son exercice comptable avec 84M€ de pertes.

À l'époque de l'achat, Edissimo affichait une capitalisation de 2,626mds€. Sa collecte de 370M€ (et quelques arbitrages) lui permettait de dépenser 1,12mds€, repartis en… 16 immeubles. Soit 70M€ de moyenne par investissement.

Deux étaient directement détenus par la SCPI, tous les autres via des SCI.

En quoi est-ce un problème ?

Eh bien, parce que c'est difficile lisible.

Dans les comptes 2017 d'Edissimo, on retrouve bien 10,67% de la SCI Hold, acquis 192'060'000€ : ce qui donne bien une SCI valorisée 1,8mds€.

Côté RAP les 8,76% sont valorisés 157'680'000€, ce qui est cohérent.

Chez Génépierre, les comptes 2017 ne sont plus accessibles. On apprend en 2018 que ses 5,02% ont été achetés 45'683'337€, soit une valo étrange de 910M€.

Même singularité chez Primopierre où les 8,5% ont un prix d'acquisition de 80'535'137€, soit une valorisation de la SCI de 942M€.

Où est l'erreur ? En réalité, c'est peut-être moins une erreur qu'une réalité comptable complexe.

☞ Restons sur Edissimo.

- Dans les acquisitions, pour la participation à HOLD il est écrit 192M€ de prix d'acquisition pour les 10,67%
- Dans la valorisation des investissements, la valeur comptable est de 97M€
- Dans les immobilisations financières, on a un immeuble à 233M€, -96M€ et -51M€ de dette pour un prix d'acquisition de… 86,2M€ et une valorisation estimée de 90M€

Pourquoi ces chiffres si compliqués ? Parce que certains correspondent à la société (la SCI) quand d'autres correspondent à son sous-jacent (l'immeuble). Et quand bien même l'immeuble a une valeur, la SCI, elle, a enregistré une perte comptable de 125M€.

Alors, combien la SCPI a déboursé pour acheter HOLD et son immeuble Coeur Défense ?

Eh bien… Difficile à dire. Parce qu'il y a eu des emprunts a priori à la fois dans la SCI et pour financer l'acquisition de la SCI. Ce n'est jamais clairement expliqué.

Un investissement qui coûte

On apprend également dans les comptes qu'Edissimo a avancé 11M€ en compte courant d'associé à la SCI, comme les autres SCPI d'ailleurs. Une pratique qu'elle a dans 7 autres SCI dans lesquelles la SCPI a invest en 2017. Et 14 l'année suivante pour plus de 45M€. C'est 14M€ chez Primopierre.

À quoi sert cet argent ?

Aucune idée.

Vraiment.

Évidemment que je sais ce qu'est un compte d'associé. Mais est-ce que ça vient combler une dette ? Un manque de liquidité ? Il n'y a pas la moindre explication, dans aucun des rapports d'aucune des SCPI.

Ni pour HOLD, ni pour aucune autre.

Cœur Défense : l'infarctus de la renta

Mais alors, même si on ne sait rien de l'investissement, cette sublime tour à 1,8mds€ est-elle un super investissement ? 😊

Bon, si je pose faussement la question, tu connais la réponse.

La valeur estimée selon les experts ne va cesser de chuter pour Edissimo :

- 2018 : 85,9M€
- 2019 : 84,2M€
- 2020 : 73,4M€
- 2021 : 73M€
- 2022 : 63M€

Soit **une perte de 27% en 5 ans**.

Un chiffre étrangement peu cohérent avec Primopierre, qui indiquait avoir acheté 80,5M€ pour une valeur comptable de 71,9M€ en 2017 estimée alors à 74M€.

Peut-être parce que CBRE (expert évaluateur d'Edissimo) et BNP RE (celui de Primopierre) n'ont pas les mêmes référentiels. Mais l'écart reste songeur.

Toujours est-il qu'en 2022, BNP REVF l'évalue 46,2M€.
Soit **une perte de 35%**.

Pour la même SCI qui détient le même immeuble.

Côté dividendes, même constat. Chez Edissimo on passe de 4,5M€ en 2018 à 3,4M€ en 2021. Surprise : en 2022… la SCI disparait carrément de la liste des produits financiers. Alors qu'Edissimo a toujours 10M€ en compte d'associé dans la SCI.

De son côté Primopierre revendique 1,3M€ de dividendes en 2022, contre 3,2M€ en 2018.

Mais comment expliquer une telle baisse de valo et de rendement ?

Eh bah.

Aucune idée.

Parce que si la SCPI communique clairement sur ses frais, sa rémunération, ses dépenses, etc. pour les biens qu'elle détient en direct, ce n'est pas le cas des SCI. Puisque justement elle reçoit des dividendes, et non des loyers.

Une pratique courante

Et ça n'a rien n'anecdotique.

Non seulement parce que ça concerne une partie importante de certaines SCPI, mais surtout parce que ça finance parfois indirectement la même société de gestion.

Par exemple en 2019, Primopierre faire une avance de 39M€ en compte courant d'associé de l'OPCI Preim Lumière… géré également par Primonial. Certes, c'est une avance rémunérée. Mais moins de 1,8% à l'époque. Cela pose évidemment une problème de conflit d'intérêts.

La même année, la SCPI percevait :

- 100M€ en loyer et 110M€ en dividendes de SCI.
- C'était 94M€ / 98M€ en 2018
- C'est 103M€ / 125M€ en 2022

En 2022, Primomierre a toujours des sommes considérables (337M€) en compte d'associés dans des véhicules gérés par Primonial, dont :

- 36M€ dans la SCI Preim Bloom
- 163M€ dans la SCI Nexxt Gambetta
- 53€ dans la SCI Hublot Défense
- 42M€ dans l'OPCI Preim Lumière, etc.

Le poids de ces investissements en SCI est énorme. Sur les 3,277mds€

d'immobilier de Primopierre, c'est 1,1mds€ qui sont dans des SCI (et 2 OPCI) opaques dont on ne connait rien de la gestion.

Toutes les sociétés de gestion n'ont pas ces pratiques.

Chez les SCPI récentes, c'est même totalement absent. Kyaneos précise d'ailleurs clairement n'avoir "pas recours à des investissements indirects". Pareil chez Iroko, Log In etc.

De son côté Epsilon 360 a fait une petite acquisition vient une SCI qu'elle détient à 99,9%, et Remake Live a une SCI qu'elle détient à 100% dont elle détaille les comptes précisément.

Dans la plupart des cas, quand une SCPI possède une SCI, c'est souvent lié à un achat groupé, comme les 4 actifs de la SCI Hopla détenue par Épargne Pierre (Atland).

Il s'agit clairement de choix stratégiques. On retrouve massivement de la SCI chez certains gérants, alors que c'est anecdotique chez d'autres (Perial, Sofidy etc.). C'est lié à 2 raisons majeures :

- Plus la SCPI est grosse, plus elle investit dans des actifs importants…
- Et plus la société de gestion est grosse, plus elle mutualise ses investissements entre ses propres véhicules

Par exemple dans Épargne Foncière, plus gros véhicule du marché, 44% des actifs sont en SCI, dont l'immense majorité des noms commencent par "LF".

Quand LF Equinox est créé en 2019 pour acheter le 129 Felix Faure à Lyon, les

4 grosses SCPI du groupe sont mises à construction à hauteur de 25% chacun, avec pour chacun… le même mandataire social signataire des statuts

- 26 735 Parts Sociales de « LF GRAND PARIS PATRIMOINE » d'une valeur de 13 367 500 euros
    o Pour 2 673 500 euros à la participation au capital,
    o Pour 10 694 000 euros au montant de la prime d'émission.

- 26 735 Parts Sociales de « CREDIT MUTUEL PIERRE 1 » d'une valeur de 13 367 500 euros
    o Pour 2 673 500 euros à la participation au capital,
    o Pour 10 694 000 euros au montant de la prime d'émission.

- 26 735 Parts Sociales de « EPARGNE FONCIERE » d'une valeur de 13 367 500 euros
    o Pour 2 673 500 euros à la participation au capital,
    o Pour 10 694 000 euros au montant de la prime d'émission.

- 26 735 Parts Sociales de « SELECTINVEST 1 » d'une valeur de 13 367 500 euros
    o Pour 2 673 500 euros à la participation au capital,
    o Pour 10 694 000 euros au montant de la prime d'émission.

.

- 26 735 Parts Sociales de « LF GRAND PARIS PATRIMOINE » d'une valeur de 13 367 500 euros
    o Pour 2 673 500 euros à la participation au capital,
    o Pour 10 694 000 euros au montant de la prime d'émission.

- 26 735 Parts Sociales de « CREDIT MUTUEL PIERRE 1 » d'une valeur de 13 367 500 euros
    o Pour 2 673 500 euros à la participation au capital,
    o Pour 10 694 000 euros au montant de la prime d'émission.

- 26 735 Parts Sociales de « EPARGNE FONCIERE » d'une valeur de 13 367 500 euros
    o Pour 2 673 500 euros à la participation au capital,
    o Pour 10 694 000 euros au montant de la prime d'émission.

- 26 735 Parts Sociales de « SELECTINVEST 1 » d'une valeur de 13 367 500 euros
    o Pour 2 673 500 euros à la participation au capital,
    o Pour 10 694 000 euros au montant de la prime d'émission.

Parfois seules deux SCPI sont impliquées (ex. : LF Grand Paris Patrimoine et Épargne foncière dans le cas de LF Bois Colombes).

Ce choix est quasi-systématique chez certains, notamment les plus gros

- À fond chez Amundi
    - o Edissimo : 64% de la capitalisation en SCI
    - o Genepierre : 66%
    - o Rivoli Avenir Patrimoine : 63%
- De ouf chez Primonial
    - o Patrimmo Commerce : 28%
    - o Patrimmo Impact : 7,5%
    - o Primofamily : 26%
    - o Primopierre : 33%
    - o Ufifrance : 32%
    - o Primovie : 29%
- Moins chez BNP
    - o Accimo : 12%
    - o France Investipierre : 6%
    - o Accès Valeur Pierre : 4%
    - o Opus Real, Pierre Selection, Soporente : 0%

Et c'est une norme également dans la plupart des SCPI d'AEW.

So, what's the point ?

Cela pose selon moi deux sujets.

1 - Il y a effectivement la transparence.

Aucune de ces SCI n'a jamais déposé ses comptes et on ne sait rien de ce qui se passe à l'intérieur. Contrairement aux actifs détenus en direct, les revenus, la répartition des charges, les commissions, etc., ne sont jamais clairement mentionnés. Dès lors, comment savoir si la gestion est vraiment bien faite ? Parfois le gérant est la même société de gestion, parfois c'est une autre (sur HOLD par exemple) et d'autres fois c'est un gérant extérieur (c'est le cas de la SCI qui gère le WeWork Marais).

2 - Mais surtout, s'il y une certaine corrélation entre les chutes de prix de part et les gérants qui utilisent massivement les SCI il y a une raison. Pas parce que cela implique une mauvaise gestion. Mais parce qu'une grosse partie de ces SCI ont servi à dilapider les collectes via de très gros actifs (même si certains ont fait pareil sans SCI).

Les 14 plus gros véhicules sur les 25 qui ont baissé leur prix de part représentaient une capitalisation 29mds€ en 2022, soit 34% du marché.

Entre 2018 et 2022, alors que ces véhicules ont en moyenne 28 ans, ils ont collecté :

- 10,5mds€
- En moyenne 149M€ / an

- En moyenne 35% de leur capitalisation

On arrive à 61% chez Europimmo, 56% chez Accimo, 49% chez PF Grand Paris.

Évidemment que ce chiffre est élevé également dans les néo-SCPI, Pierval Santé ou chez Corum… mais avec des véhicules beaucoup plus jeunes.

Ces SCI ont permis d'acheter des énormes actifs, parfois répartis entre plusieurs véhicules maisons, et donc de pouvoir dépenser les collectes massives quand bien même ce n'était pas dans l'intérêt des associés.

#NotAllScpi

Alors que certains continuent à parler du "marché des SCPI" ou de "est-ce qu'il faut ou pas vendre ses parts", il semble évident qu'il existe un marché à deux vitesses.

- Entre ceux qui se gavent de frais à l'entrée, et ceux qui tentent un autre modèle : pourquoi limiter sa collecte alors que c'est elle qui rapporte à l'entrée ? ;
- Entre ceux qui dilapident la collecte et se battent pour les mêmes actifs, et ceux qui voient plus loin ;
- Entre ceux qui gèrent leur véhicule à l'ancienne, et ceux qui redonnent de la transparence aux associés.

Parce qu'il faut, je pense, rappeler ce qu'est une SCPI.

Quand La Française met "LF" devant toutes ses SCPI gavées de SCI brandées LF, ou que Primonial claque un Primo-bidule devant tous ses véhicules pour rappeler qui est le boss, ils oublient qu'ils ne sont que les prestataires des associés.

Une SCPI appartient à ses associés.

La société de gestion est payée… pour gérer.

Ce n'est pas SON véhicule dont elle ouvre la souscription comme un fonds classique.

Cet argent leur appartient. Les immeubles leur appartiennent. Et c'est d'ailleurs ce qui différencie une SCPI de la plupart des autres produits de placement.

C'est en retournement de marché qu'on peut conclure qui sont les bons et les mauvais gérants. Par quand tout allait bien et que la collecte coulait à flot.

J'ai plusieurs fois lu « oui, mais c'est que quelques SCPI sur plus de 200 ».

C'est faux.

- Il existe 111 SCPI diversifiées, le reste c'est du dispositif fiscal (dont les perfs sont encore pires)
- 25 SCPI qui baissent sur 111 c'est 23%…
- … mais surtout elles représentent 40% de la capitalisation

On parle de 4,2mds€ d'épargne qui viennent de s'envoler.

Et quand bien même la SCPI n'est pas un produit de capitalisation, mais de rendement, les performances restent merdiques pour ces véhicules. Sur 5 ans c'est :

- -5,07% de perte de rendement en moyenne
- -11,4% de perte sur le prix de part en moyenne

En moyenne, si vous aviez mis 10'000€ dans ces SCPI là, vous auriez aujourd'hui 11'163€, soit un TRI de moyen de 2,33%.

Mieux : 86% des pertes sont concentrées chez 5 gérants :

- Amundi

- BNP

- Primonial

- Perial

- AEW

De quoi remettre en cause leurs stratégies de gestion, et interroger les raisons pour lesquels de nombreux distributeurs ont continué de proposer ces véhicules.

Les signaux étaient là depuis longtemps.

9 782492 834042